AF498384

PVNITION DE DIEV

ARRIVÉE A LONDRES EN ANGLETERRE.

DV GRAND NOM-
bre des morts en 24. heures,
& marquez d'vne main sur le
corps, qui remplit de craincte
& tremblement les Royaumes
d'Escosse & d'Angleterre.

A S. OMER,
Imprimés sur les lettres d'Angleterre
ce present mois, 1626.

Auec permißion.

HISTOIRE D'ANGLETERRE,

laquelle est arriuée en la ville de Londres & lieux circónuoisins.

ENcor que Dieu infiniment bõ, misericordienx, doux, clemēt, supporte auec lõgue patiéce Jes pecheurs, les plus peruers, tels que sõt les Heretiques du tēps presēt, blasphemateurs, impudēts de sa diuine Majesté. *Estendans*, cõme dit Iob: quinze *leurs mains cõtre Dieu, & s'forçant contre le Tout-puissant.* Et directement le Dieu des vengeances, semble dormir, comme s'il estoit yure & n'en prendre point vengeance. La jalousie de son honnenr l'esueillera & l'esueille quelquefois de telle sorte qu'en vn momēt

il

il venge vne infinité d'offenſe. Il re-
ſemble à vne eſpaiſſe nuee qui pleine
par vne exhalaiſe fort ſeiche conceüe
d'elle, & par le feu lequel s'y allume, &
par l'antiperiſtaſe, & par le mouuemét,
ſe rend plus ſubtile, & par conſequent
croit & paruient à l'aage auquel elle
doit eſtre enfantee. De là vient qu'elle
penetre & tache auec vn effort admirable de ſortir du ventre de la nuë, laquelle comme eſtant froide & eſpaiſſe l'empeſche & retiét de tout ſon pou-
uoir. Mais alors qu'auec pluſieurs cris
& meuglemens, elle rompt le ſein ma-
ternel: voilà que parmy les eſclairs &
les tonnerres le foudre vient à ſortir,
& ſerpentant par la vague de l'air,
frappe les tours, renuerſe les palais, eſ-
pouuante les animaux, eſtonne les
hommes, bat, rompt, bruſle, fracaſſe,
conſomme, tue & remplit l'air & la
terre d'horreurs, & de rumes; ainſ penetre maintes fois dans les entrailles
d'icelle. Le meſme en arriue au Iuge
eter-

eternel : Il conçoit par la faute des ex-
halaisons des pechez vn enfantement
d'ire, & y allume le coŭrroux ; & lors
que par la perseuerance au peché on la
nourrit, accroit, l'augmente on l'ache-
mine à s'enfanter. Biẽ qu'ainsi qu'vne
Mere piteuse elle ressente des douleurs
extresmes & ainsi qu'vne nuë, non
point froide, mais pleine de flammes
amoureuses, elle resiste, elle fait torce
& empesche l'espée foudroyante, qui
luy tourne au dedans, & cherche la sor-
tie. Sa Iustice le contraint en fin d'enfanter le courroux cõçeu, & de debou-
cher la porte au foudre & à l'espée de
la iuste vengeance, laquelle ainsi qu'vn
horrible foudre remplira l'air d'effroy,
la terre de ruines, les mortels de fray-
eur & le monde de confusion, & pene-
trant iusques dans l'enfer, il y abysmera
auec vn rauage inouy ses ennemis, qui
s'y verront à mesme temps blessez &
embrasez emmy les flammes inferna-
les.

Comme

Comme il eſt arriué depuis peu en Angleterre en la ville de Londres & ſes enuirons où en fort peu de temps, à ſçauoir en 24. heures ſont morts deux cēt mille perſonnes le deuxieſme Febr. & chacune d'icelles auoit la marque ſur l'eſpaule comme d'vne main imprimée auec vn fer chaud: choſes admirable & eſpouuantable, car qui a iamais ouy parler d'vn tel maſſacre de deux cēt mille; Il ſe trouue bien en l'Exode trēte deuxieſme que Dieu ait chaſtié l'Idolatrie du peuple Iſrael, ayant adoré le veau d'or, & qu'il en ont eſté tuez enuirō vingt trois mille hommes.

Item au liure des Nombres, chap. 16. il ſe trouue que pour le Schiſme de Choré, Dathan & Abiron, & le murmure du peuple contre ces Paſteurs Moyſe & Aaron, le feu venant du ciel en ait deuoré quatorze mille & ſept cens hommes, outre les deux cens cinquante qui peritent auec Choré, mais qu'eſt-ce de cela au regard de deux cēs
mille

mille? Au mesme liure chap. 25. pour
la fornication commis par les Israëli-
tes auec les filles de Moab en ont estez
occis vingt quatre mille hommes, mais
c'est encore loing de deux cens mille.
Au premier liure des Roys chap. 6. des
Bethsamites pour auoir veu l'Arche du
Seigneur, ont esté frappez & tuez cinquante mille & septante personnes : ce
n'est qu'vn quart de deux cens mille.
Au deuxiesme liure des Roys pour l'orgueil du Roy Dauid, des-ja toutesfois
recognoissant sa faute & criant mise-
ricorde, ont estez emportez par la peste
sur trois iours septante mille hommes;
mais il y a encore bien loing iusques à
deux cens mille. Au 4. liure des Roys
chap. 19. pour l'arrogance de Senna-
cherib Roy des Assiriens, l'Ange du
Seigneur a tué cent & quatre-vingt
cinq mille des Assiriens : il en faut encore quinze mille pour deux cens mille, & d'abordant les susdites n'ons estez
marquez, ou pour mieux dire flastrez

de

de la sorte, comme ces deux cens mille
Anglois.

Puis donc que le chaſtoy de ces miſerables ſeduits, & errans hors du ſen-
tier de ſalut, ſurpaſſe tous les chaſti-
mens ſuſmentionnez.

Il s'enſuit treſ clairement que leur
iniquité ſurpaſſe auſſi toutes les iniquitez pour leſquelles Dieu treſ-miſe-
ricordieux a vſé des vengeances ſuſdi-
tes. Et à vray dire les heretiques de ce
temps, ne ſouillent-ils pas treſ-licen-
tieuſement en toutes les iniquitez, erreurs de meſchancetez qui ont iamais
eſtez au monde. Ils n'ont pas de foy
voire moins que le diable qui a bien
creu que Ieſus-Chriſt pouuoit tranſ-
ſubſtantier les pierres en pain, qui eſt
plus difficile que de tranſ-ſubſtantier
le pain en chair, qui ſe faict tous les
iours naturellement par l'eſtomach hu-
main, & eux ils n'en vueillent rien
croire, ils ne cognoiſſent pas le Dieu
d'Iſraël des fideles, qui eſt le ſeul vray
Dieu

Dieu : car ils en forgent vn Dieu du
tout phantaſque, iniuſte, meſchant, pe-
cheur. &c blaſphemants à tous momẽs
la Diuine Majeſté, ſe diſpenſans auſſi
eux meſme de l'obſeruãce des ordõnã-
ces diuines, ſe donnant licence à toute
iniquité qui ſeroit trop lõg à ſpecifier.

Mais pourquoy ces deux cens mille
morts ont ils ceſte marque d'vne main
ſur l'eſpaule? La iuſtice humaine à ac-
couſtumé de flaſtrer ainſi les larrons.
Tous nos Heretiques ne ſont-ils pas
larrons ſacrileges, volleurs & meur-
triers, auec quelle cruauté ont ils
meurtris vne infinité des Chreſtiens?
leurs volleries quotidiennes ne ſont
que trop cognues leurs larcins & ſacrileges qui eſt celuy qui les ignore.

Ils pillent & deſrobent-ils pas ſacri-
legement par tout le patrimoine du
Crucifix les biens des Egliſes, des mo-
naſteres, &c. & les vaiſſeaux & orne-
mens ſacrées des Egliſes, ne deſrobent
ils pas l'honneur deu à Dieu? à la tres-

B　　　　　ſainte

sainᶜte Mere, à tous les Sainᶜts & auῆ
Anges? Puis doncques qu'ils font larrons, ce n'eſt pas de merueille qu'ils
portent la marque ſur le dos qu'ils ſoi-
ent flaſtrez de la main de la diuine Iuſtice. Dieu ayant fait ſa main ſur iceux
comme parle l'eſcriture, qu'ils liſent au
4. liure des Roys le chap. 12. ils trouueront que le Roy Ioab ayant prins les
threſors du temple fut mis à mort par
ſes ſeruiteurs, qu'ils liſent le chap. 2.
de Daniel il y voyront cõment Nabu-
chodonoſor a eſté puny pour le ſacrilege qu'il auoit commis, ayant pillé &
emporté vne partie des vaiſſeaux de la
maiſon de Dieu & les a emporté en la
maiſon des Dieux, qu'ils liſent au 2.
des Machab. le chap. 4 & 8. ils trouueront comment Ryſimachus apres
auoir commis pluſieurs ſacrileges au
temple fut occis deuant la threſorie &
pour le meſme, fut bruſlé Caliſthenes.
Au meſme liure chap 14. ils y honne-
ront l'abominable mort du ſacrilege
Mane-

Menelaus, au mesme liure chap 3. ils
voiront comme Heliodore fut flagellé
par trois Anges, pour vouloir esleuer
les biens de l'Eglise: qu'ils lisent les hi-
stoires ils trouueront par tout des sem-
blables punitions executees diuine-
ment contre les sacrileges, & ne se de-
uront estonner que telle vengeance
diuine leur soit tombee sur la teste &
les espaules, mais plustost s'ils ne font
bonne penitence & abandonnant leur
Babylone Heretique, & r'entrer en
l'Eglise de Iesus- Christ, qui est, & a
tousiours esté, depuis les Apostres iusques à present, & sera iusques à la fin
du monde, la seule saincte Eglise Ca-
tholique, Apostolique & Romaine,
contre laquelle les portes d'enfer ne
pourront iamais preualoir, creuent, er-
ragent, tourmentent tant que vou-
dront les heretiques & leurs alliez &
confederez ministres de l'enfer.

Ils ne doiuent attendre autre chose
que de se voir vn iour comme la Ville

de Iericho exterminez, excommuniez,
& abyſmez dans les enters.

Ouurez, ouurez vos yeux pauures
heretiques, ouurez vos oreilles & vos
cœurs à ce bon Dieu qui vous appelle
par ce chaſtiment ſi horrible, ne ſoyez
deſormais ſourds a tant de voix du Seigneur.

Il vous a tant de fois appellé, inuité,
prié, & ſupplié amoureuſement, main-
tenant voyant que tous ſes amiables
allechements n'ont rien profité en
vous, il vous monſtre ſa cholere, il
vous veut contraindre à entrer en ſa
maiſon, en ſon Egliſe, miſerables que
penſez vous faire, ſuiuant & obeyſſant
à l'ennemy internal, ennemy diſſimulé
qui faict ſemblant de vous mener par
des voyes plaiſantes & fleuries, il vous
côduict par les chemins pleins de tour-
mens & de miſeres. Vous les confeſſe-
rez vn iour (malgré vous & trop tard
& ſans fruict) ſi ne vous amendez, comme le confeſſent en enfer ceux qui ont
ſuiuy

fuiuy le fentier que vous fuiuez. Efcou-
tez ie vous prie au liure de la Sapience,
Chap. 5. Nous auons donc erré de la
voye de verité & la lumiere de Iuftice
n'a point luit fur nous, & le Soleil d'in-
telligence ne s'eft point leué fur nous.

Nous nous fommes laiffez en la voie
d'iniquité & de perdition, & auós che-
minez par les voies difficiles : Mais
nous auons ignorez la voye du Seigneur, que nous a profité l'orgueil, &c.

Prenez hors les Bibles Françoifes
fenfuré, le refte iufqu'au nomb. 14. in-
clufiuement, on pourroit bien cōmen-
cer le chapitre au commençement.

O de combien de difficultez & cō-
bien grandes font remplis les fentiers
les vices & erreurs par lefquelles vous
vous precipitez en Enfer! helas mife-
rables vous vous glorifiés du nom des
Chreftiens & vous haiffez & perfecu-
tez les vrais Chreftiens & ne fuiuez
que le Diable, vous vous dites eftre
Apoftolique, & ne fuiuez autre Apo-
ftre que le traiftre Iudas.

Ha quelle difference se retrouue entre le nom de Chrestiens qu'vsurpé & vos œuures. Ouurez les yeux, recognoissez vostre lourd abbus & rebrouchez chemin. Ie prie Dieu qu'il vous en donne la grace.

FIN.

Ceste lettre estoit enuoyé du grand Chancelier d'Angleterre, au grand Chancelier de France, & estoit signé, Vostre amy, Ian Ligolnes, datté du 2. Feb. 1626.

www.ingramcontent.com/pod-product-compliance
Lightning Source LLC
LaVergne TN
LVHW051348200726
843510LV00002B/897